Impressum
Verlag: BABADADA GmbH, Nedderfeld 112 , 22529 Hamburg
Geschäftsführer / Verlagsleitung: Harald Hof
Druck: Books on Demand GmbH, In de Tarpen 42, 22848 Norderstedt

Imprint
Publisher: BABADADA GmbH, Nedderfeld 112 , 22529 Hamburg, Germany
Managing Director / Publishing direction: Harald Hof
Print: Books on Demand GmbH, In de Tarpen 42, 22848 Norderstedt

koulu

kool

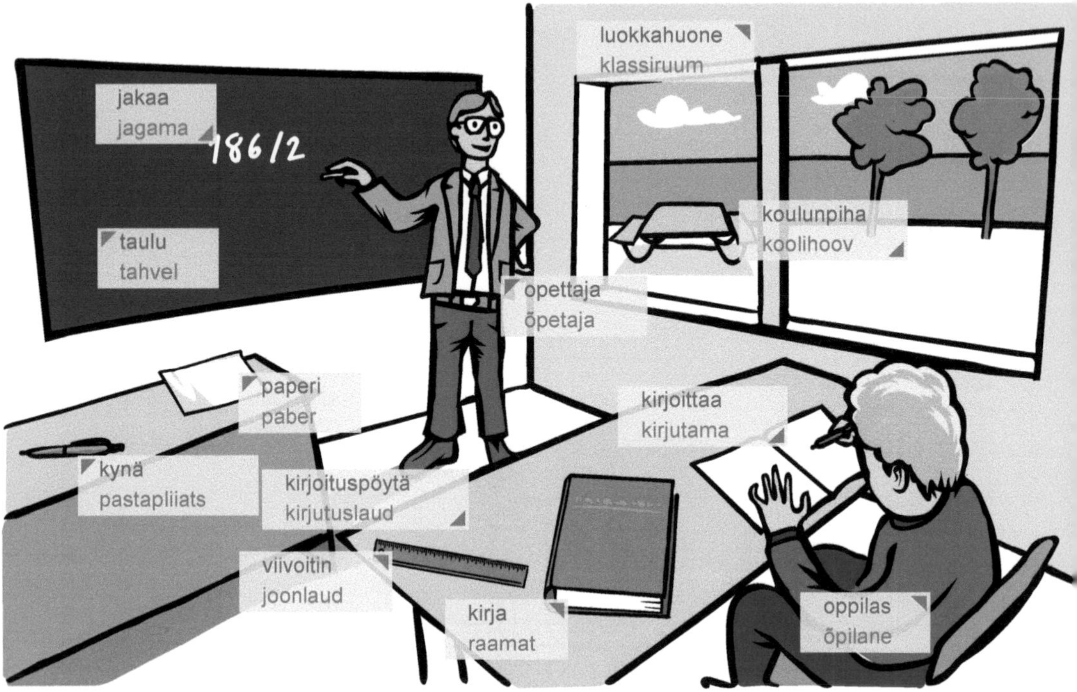

luokkahuone
klassiruum
jakaa
jagama
186/2
taulu
tahvel
koulunpiha
koolihoov
opettaja
õpetaja
paperi
paber
kirjoittaa
kirjutama
kynä
pastapliiats
kirjoituspöytä
kirjutuslaud
viivoitin
joonlaud
kirja
raamat
oppilas
õpilane

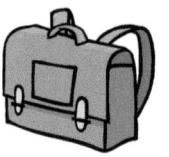

reppu
koolikott

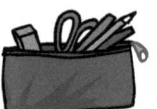

penaali
pinal

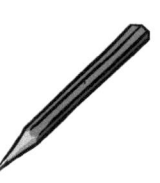

lyijykynä
harilik pliiats

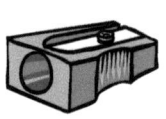

kynänteroitin
pliiatsiteritaja

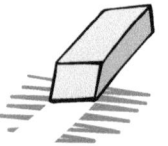

pyyhekumi
kustukumm

piirustuslehtiö
joonistusplokk

piirustus
joonistus

pensseli
pintsel

vesivärit
värvikarp

sakset
käärid

liima
liim

harjoituskirja
töövihik

kotitehtävä
kodutöö

12

luku
number

2+2

lisätä
liitma

5-2

vähentää
lahutama

2×2

kertoa
korrutama

laskea
arvutama

A

kirjain
täht

ABCDEFG
HIJKLMN
OPQRSTU
VWXYZ

aakkoset
tähestik

hello

sana
sõna

teksti

tekst

lukea

lugema

liitu

kriit

oppitunti

koolitund

opettajan muistikirja

klassipäevik

koe

eksam

todistus

tunnistus

koulupuku

koolivorm

koulutus

haridus

sanakirja

entsüklopeedia

yliopisto

ülikool

mikroskooppi

mikroskoop

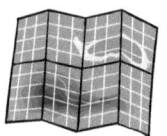

kartta

kaart

roskakori

paberikorv

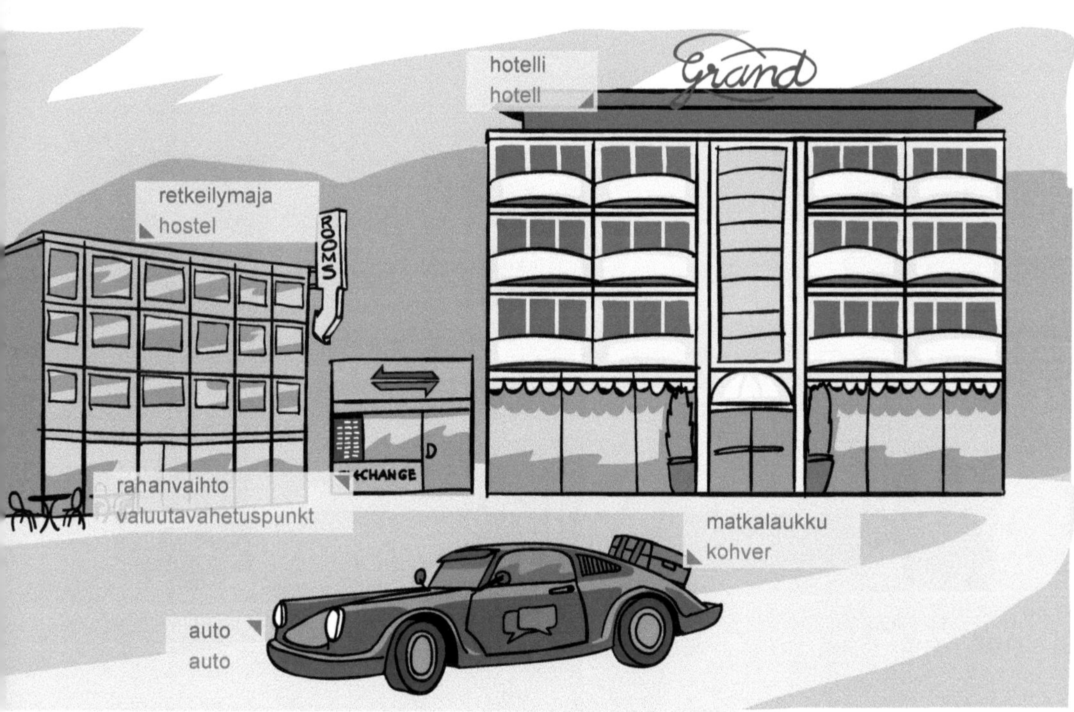
hotelli
hotell
Grand
retkeilymaja
hostel
ROOMS
EXCHANGE
rahanvaihto
valuutavahetuspunkt
matkalaukku
kohver
auto
auto

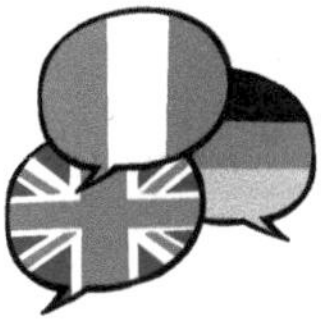

kieli

keel

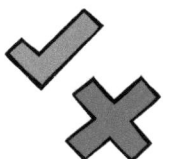

kyllä / ei

jah / ei

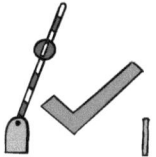

selvä

okei

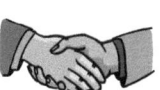

hei

Tere!

tulkki

tõlk

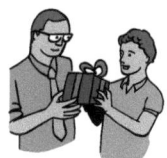

kiitos

Aitäh!

Paljonko...maksaa?

Kui palju maksab ...?

en ymmärrä

Ma ei saa aru

ongelma

probleem

Hyvää iltaa!

Tere õhtust!

Hyvää huomenta!

Tere hommikust!

Hyvää yötä!

Head ööd!

näkemiin

Head aega!

suunta

suund

matkatavarat

pagas

laukku

kott

reppu

seljakott

vieras

külaline

huone

tuba

makuupussi

magamiskott

teltta

telk

turisti-info

turismiinfo

ranta

rand

luottokortti

krediitkaart

aamupala

hommikusöök

lounas

lõunasöök

päivällinen

õhtusöök

matkalippu

pilet

hissi

lift

postimerkki

postmark

raja

riigipiir

tulli

toll

suurlähetystö

saatkond

viisumi

viisa

passi

pass

kuljetus
transport

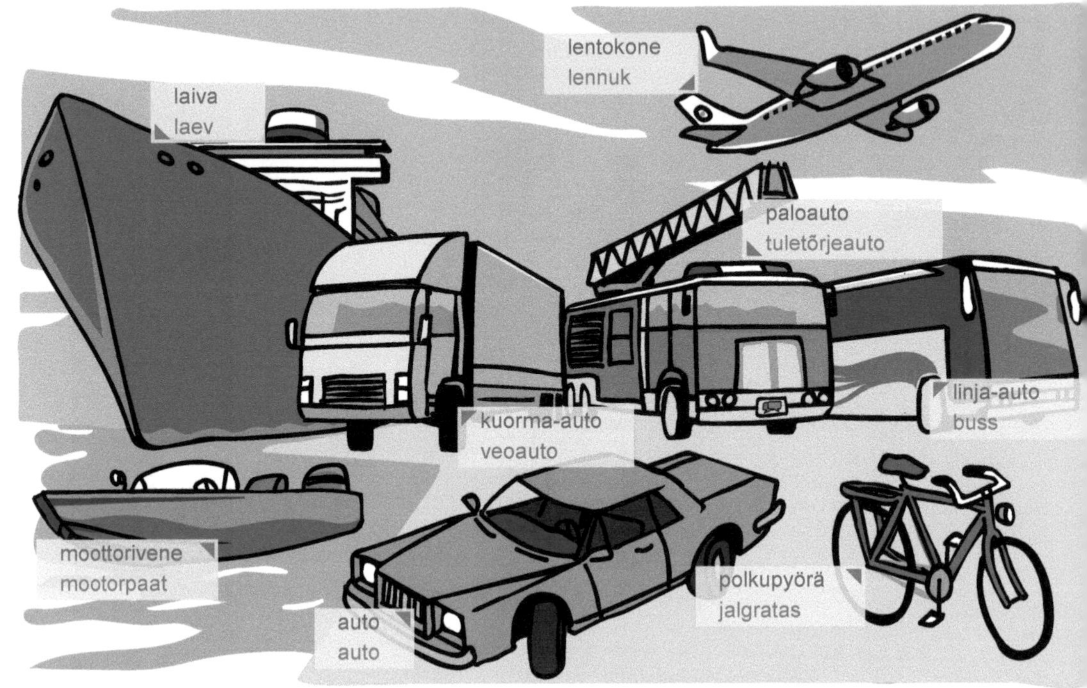
lentokone
lennuk
laiva
laev
paloauto
tuletõrjeauto
linja-auto
buss
kuorma-auto
veoauto
moottorivene
mootorpaat
polkupyörä
jalgratas
auto
auto

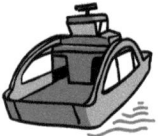

lautta
praam

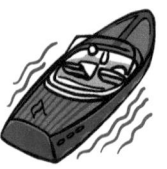

vene
paat

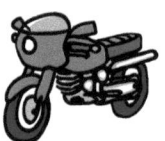

moottoripyörä
mootorratas

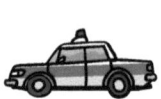

poliisiauto
politseiauto

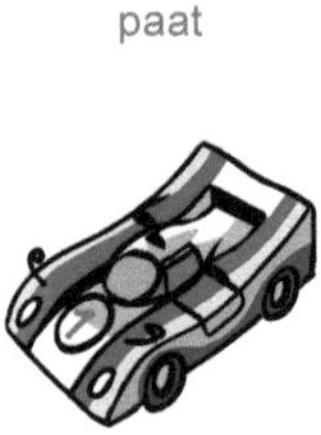

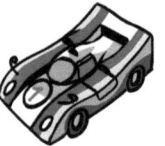

kilpa-auto
võidusõiduauto

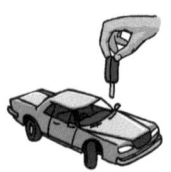

vuokra-auto
rendiauto

car sharing

ühisauto

hinausauto

puksiirauto

roska-auto

prügiauto

moottori

mootor

polttoaine

kütus

huoltoasema

tankla

liikennemerkki

liiklusmärk

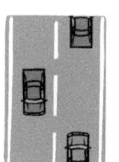

liikenne

liiklus

ruuhka

liiklusummik

parkkipaikka

parkla

rautatieasema

raudteejaam

raiteet

rööpad

juna

rong

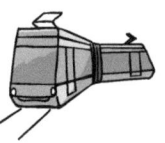

raitiovaunu

tramm

vaunu

vagun

helikopteri
helikopter

lentokenttä
lennujaam

lähilennonjohto
torn

matkustaja
reisija

kontti
konteiner

pahvilaatikko
pappkast

kärryt
käru

kori
korv

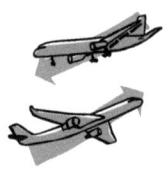

nousta / laskea
õhku tõusma / maanduma

kaupunki

linn

kylä
küla

keskusta
kesklinn

talo
maja

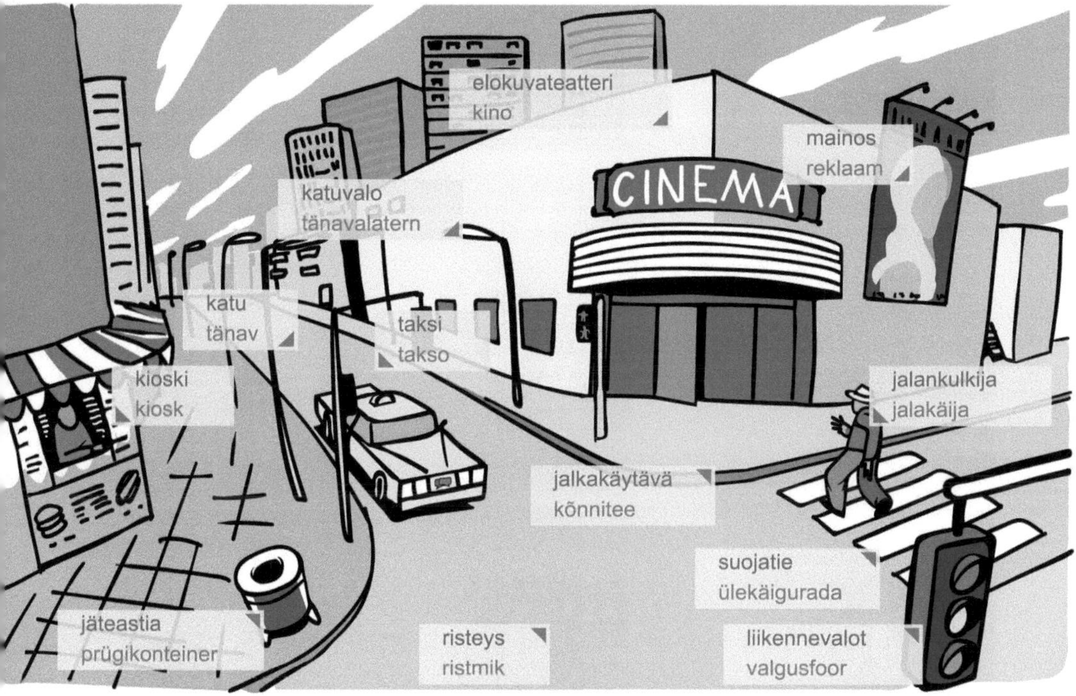

elokuvateatteri
kino

mainos
reklaam

katuvalo
tänavalatern

CINEMA

katu
tänav

taksi
takso

kioski
kiosk

jalankulkija
jalakäija

jalkakäytävä
könnitee

suojatie
ülekäigurada

jäteastia
prügikonteiner

risteys
ristmik

liikennevalot
valgusfoor

mökki
osmik

kerrostalo
kortermaja

rautatieasema
raudteejaam

kaupungintalo
raekoda

museo
muuseum

koulu
kool

kaupunki - linn

yliopisto

ülikool

pankki

pank

sairaala

haigla

hotelli

hotell

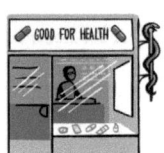

apteekki

apteek

toimisto

kontor

kirjakauppa

raamatupood

liike

kauplus

kukkakauppa

lillepood

supermarketti

supermarket

tori

turg

tavaratalo

kaubamaja

kalakauppias

kalapood

ostoskeskus

kaubanduskeskus

satama

sadam

puisto

park

penkki

pink

silta

sild

portaat

trepp

metro

metroo

tunneli

tunnel

linja-autopysäkki

bussipeatus

baari

baar

ravintola

restoran

postilaatikko

postkast

katukyltti

tänavasilt

parkkimittari

parkimisautomaat

eläintarha

loomaaed

uimala

ujula

moskeija

mošee

maatila
talu

ympäristön saastuminen
reostus

hautausmaa
surnuaed

kirkko
kirik

leikkikenttä
mänguväljak

temppeli
tempel

maisema
maastik

lehti
leht

tienviitta
teeviit

tie
tee

niitty
aas

kivi
kivi

retkeilijä
matkaja

puu
puu

joki
jõgi

ruoho
rohi

kukka
lill

laakso

org

vuori

mägi

järvi

järv

metsä

mets

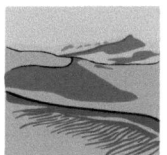

aavikko

kõrb

tulivuori

vulkaan

linna

linnus

sateenkaari

vikerkaar

sieni

seen

palmu

palm

hyttynen

sääsk

kärpänen

kärbes

muurahainen

sipelgas

mehiläinen

mesilane

hämähäkki

ämblik

kovakuoriainen

mardikas

sammakko

konn

orava

orav

siili

siil

jänis

jänes

pöllö

öökull

lintu

lind.

joutsen

luik

villisika

metssiga

peura

hirv

hirvi

põder

pato

pais

tuulimylly

tuuleturbiin

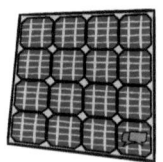

aurinkopaneeli

päikesepaneel

ilmasto

kliima

ravintola
restoran

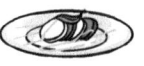

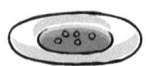

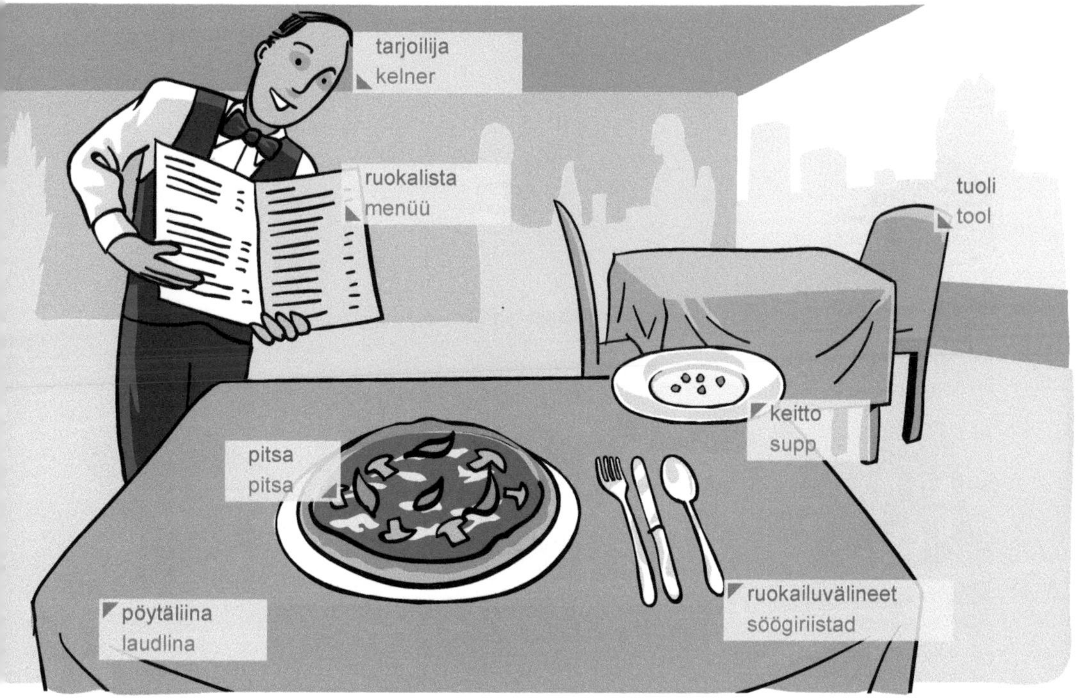
tarjoilija
kelner
ruokalista
menüü
tuoli
tool
keitto
supp
pitsa
pitsa
pöytäliina
laudlina
ruokailuvälineet
söögiriistad

alkuruoka

eelroog

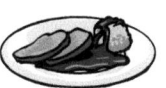

pääruoka

pearoog

jälkiruoka

magustoit

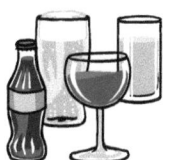

juomat

joogid

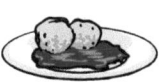

ruoka

toit

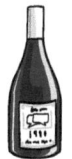

pullo

pudel

pikaruoka

kiirtoit

katuruoka

tänavatoit

teekannu

teekann

sokeriastia

suhkrutoos

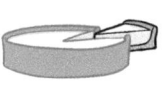

annos

portsjon

espressokeitin

espressomasin

syöttötuoli

lastetool

lasku

arve

tarjotin

kandik

veitsi

nuga

haarukka

kahvel

lusikka

lusikas

teelusikka

teelusikas

servietti

salvrätik

lasi

klaas

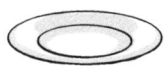

lautanen

taldrik

syvä lautanen

supitaldrik

aluslautanen

alustass

kastike

kaste

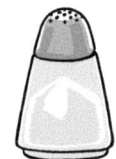

suolasirotin

soolatoos

pippurimylly

pipraveski

etikka

äädikas

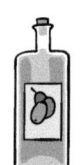

öljy

õli

mausteet

vürtsid

ketsuppi

ketšup

sinappi

sinep

majoneesi

majonees

supermarketti
supermarket

tarjous
eripakkumine
FOR
asiakas
klient
maitotuotteet
piimatooted
hedelmät
puuviljad
ostoskärryt
ostukäru

BUTCHERS

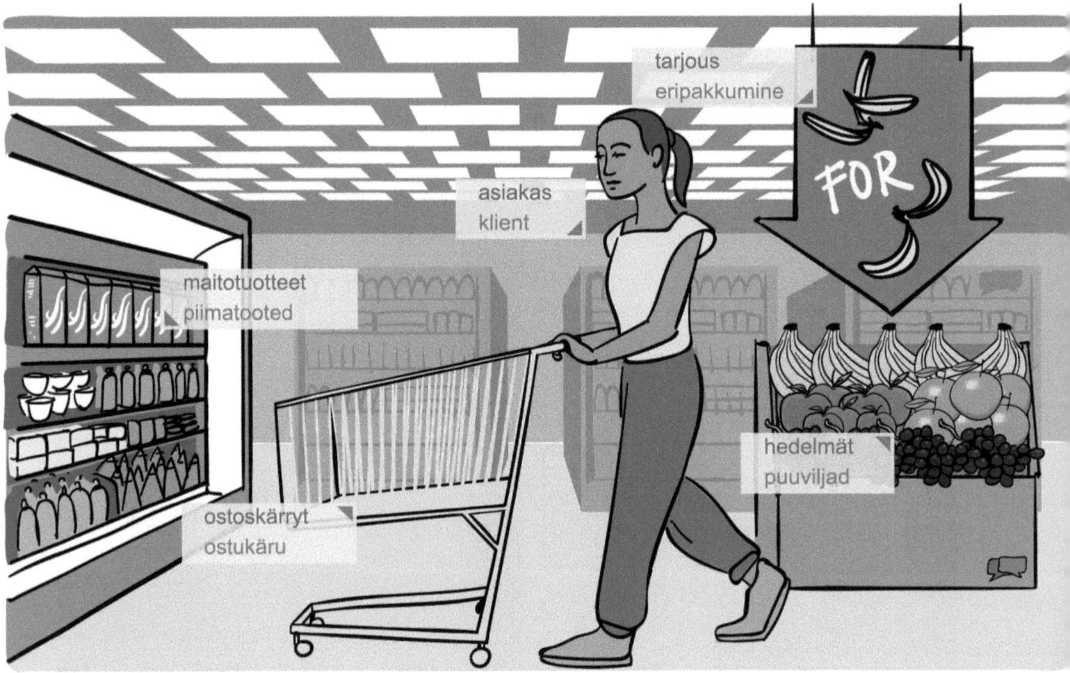

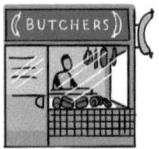

teurastamo

lihapood

BAKERY

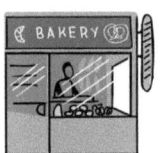

leipomo

pagariäri

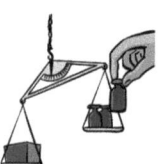

punnita

kaaluma

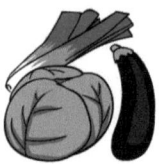

kasvikset

köögiviljad

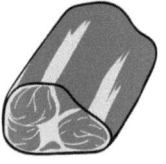

liha

liha

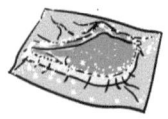

pakasteet

külmutatud toit

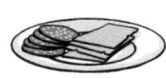

leikkele

lihalõigud

säilykkeet

konservid

pesujauhe

pesupulber

makeiset

maiustused

kotitaloustarvikkeet

majatarbed

puhdistusaineet

puhastustooted

myyjä

müüja

kassa

kassaaparaat

kassanhoitaja

kassapidaja

ostoslista

ostunimekiri

aukioloajat

lahtiolekuajad

lompakko

rahakott

luottokortti

krediitkaart

kassi

kott

muovipussi

kilekott

vesi
vesi

mehu
mahl

maito
piim

kokis
koola

viini
vein

olut
õlu

alkoholi
alkohol

kaakao
kakao

tee
tee

kahvi
kohv

espresso
espresso

cappuccino
cappuccino

banaani

banaan

omena

õun

appelsiini

apelsin

meloni

arbuus

sitruuna

sidrun

porkkana

porgand

valkosipuli

küüslauk

bambu

bambus

sipuli

sibul

sieni

seen

pähkinät

pähklid

spagetti

nuudlid

spagetti

spagetid

riisi

riis

salaatti

salat

ranskalaiset

friikartulid

paistetut perunat

praekartulid

pitsa

pitsa

hampurilainen

hamburger

voileipä

võileib

leike

šnitsel

kinkku

sink

salami

salaami

makkara

vorst

kana

kana

paisti

praeliha

kala

kala

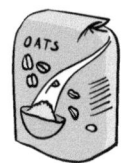		
kaurahiutaleet	mysli	murot
kaerahelbed	müsli	maisihelbed

jauho	voisarvi	sämpylä
jahu	sarvesai	kukkel

leipä	paahtoleipä	keksit
leib	röstsai	küpsised

voi	rahka	kakku
või	kohupiim	kook
		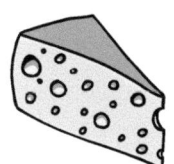
kananmuna	paistettu kananmuna	juusto
muna	praemuna	juust

jäätelö

jäätis

sokeri

suhkur

hunaja

mesi

hillo

moos

suklaapähkinälevite

pähklivõie

curry

karri

maatila
talu

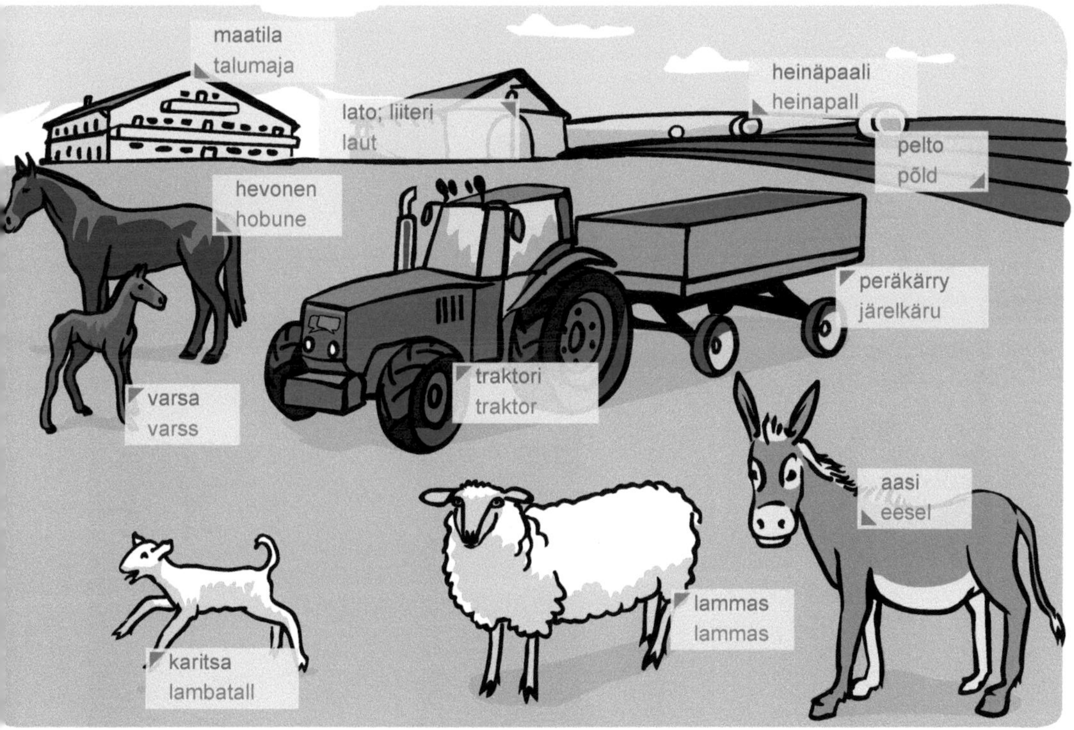

maatila
talumaja
lato; liiteri
laut
heinäpaali
heinapall
pelto
põld
hevonen
hobune
peräkärry
järelkäru
traktori
traktor
varsa
varss
aasi
eesel
lammas
lammas
karitsa
lambatall

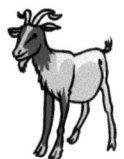

vuohi

kits

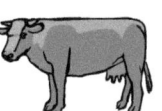

lehmä

lehm

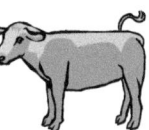

vasikka

vasikas

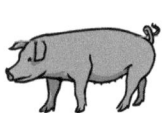

sika

siga

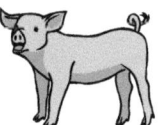

porsas

põrsas

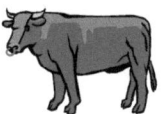

sonni

pull

hanhi

hani

ankka

part

tipu

tibu

kana

kana

kukko

kukk

rotta

rott

kissa

kass

hiiri

hiir

härkä

härg

koira

koer

koirankoppi

koerakuut

puutarhaletku

aiavoolik

kastelukannu

kastekann

viikate

vikat

aura

ader

sirppi

sirp

kuokka

kõblas

talikko

hang

kirves

kirves

kottikärryt

käru

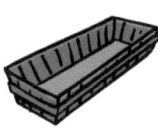

kaukalo

küna

maitokannu

piimanõu

säkki

kott

aita

tara

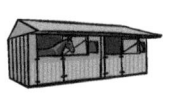

talli

tall

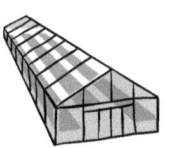

kasvihuone

kasvuhoone

maa

muld

siemen

seeme

lannoite

väetis

leikkuupuimuri

kombain

kerätä sato

saaki koristama

sato

saagikoristus

jamssit

jamss

vehnä

nisu

soija

soja

peruna

kartul

maissi

mais

rypsi

raps

hedelmäpuu

viljapuu

maniokki

maniokk

vilja

teravili

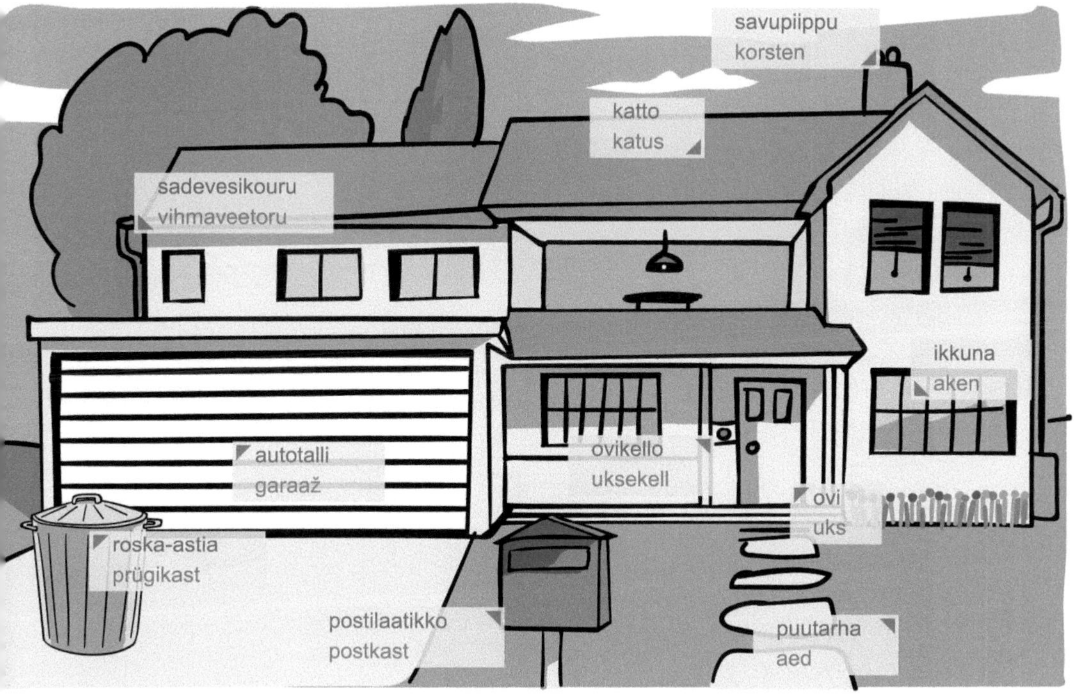

savupiippu
korsten

katto
katus

sadevesikouru
vihmaveetoru

ikkuna
aken

autotalli
garaaž

ovikello
uksekell

ovi
uks

roska-astia
prügikast

postilaatikko
postkast

puutarha
aed

olohuone
elutuba

kylpyhuone
vannituba

keittiö
köök

makuuhuone
magamistuba

lastenhuone
lastetuba

ruokahuone
söögituba

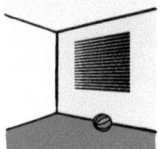

lattia

põrand

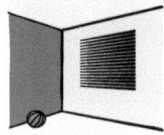

seinä

sein

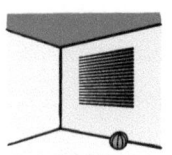

katto

lagi

kellari

kelder

sauna

saun

parveke

rõdu

terassi

terrass

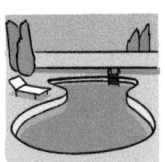

uima-allas

bassein

ruohonleikkuri

muruniiduk

lakana

voodilina

päiväpeitto

päevatekk

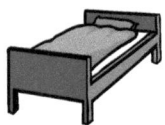

sänky

voodi

harja

luud

ämpäri

ämber

katkaisin

lüliti

olohuone
elutuba

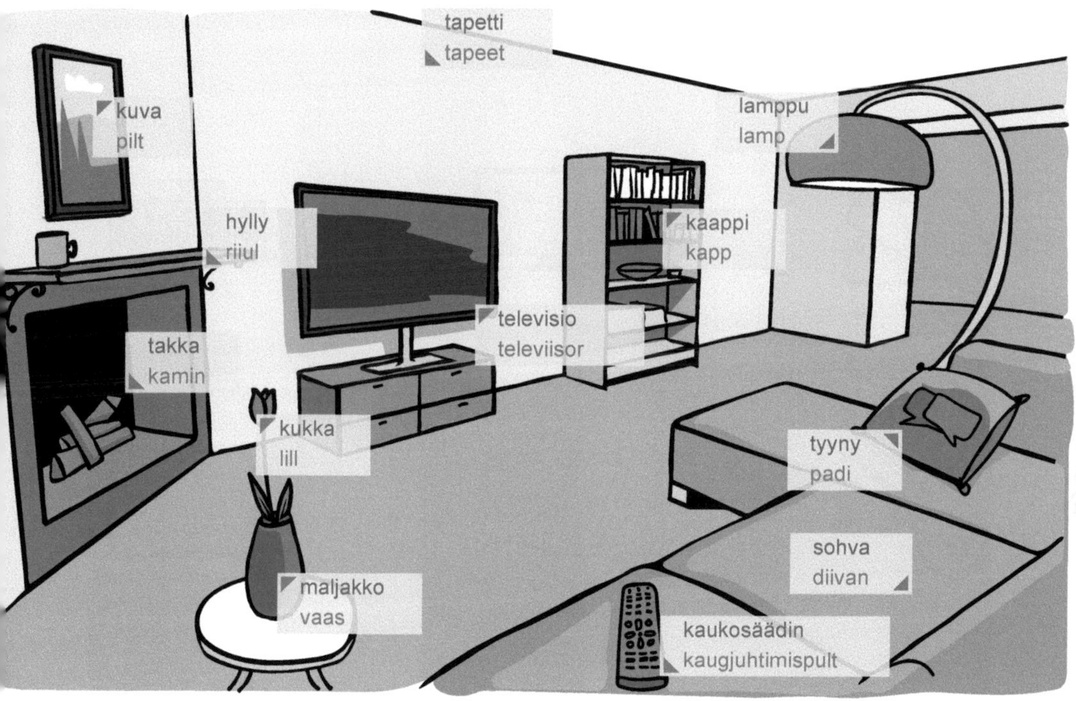
tapetti
tapeet
kuva
pilt
lamppu
lamp
hylly
riiul
kaappi
kapp
televisio
televiisor
takka
kamin
kukka
lill
tyyny
padi
sohva
diivan
maljakko
vaas
kaukosäädin
kaugjuhtimispult

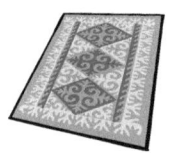

matto
vaip

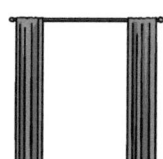

verho
kardin

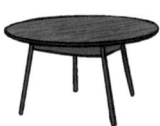

pöytä
laud

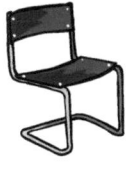

tuoli
tool

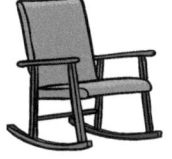

keinutuoli
kiiktool

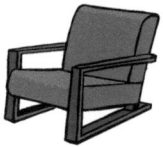

nojatuoli
tugitool

kirja
raamat

peitto
tekk

koriste
kaunistus

polttopuut
küttepuud

elokuva
film

stereot
helisüsteem

avain
võti

sanomalehti
ajaleht

maalaus
maal

juliste
plakat

radio
raadio

muistivihko
märkmik

pölynimuri
tolmuimeja

kaktus
kaktus

kynttilä
küünal

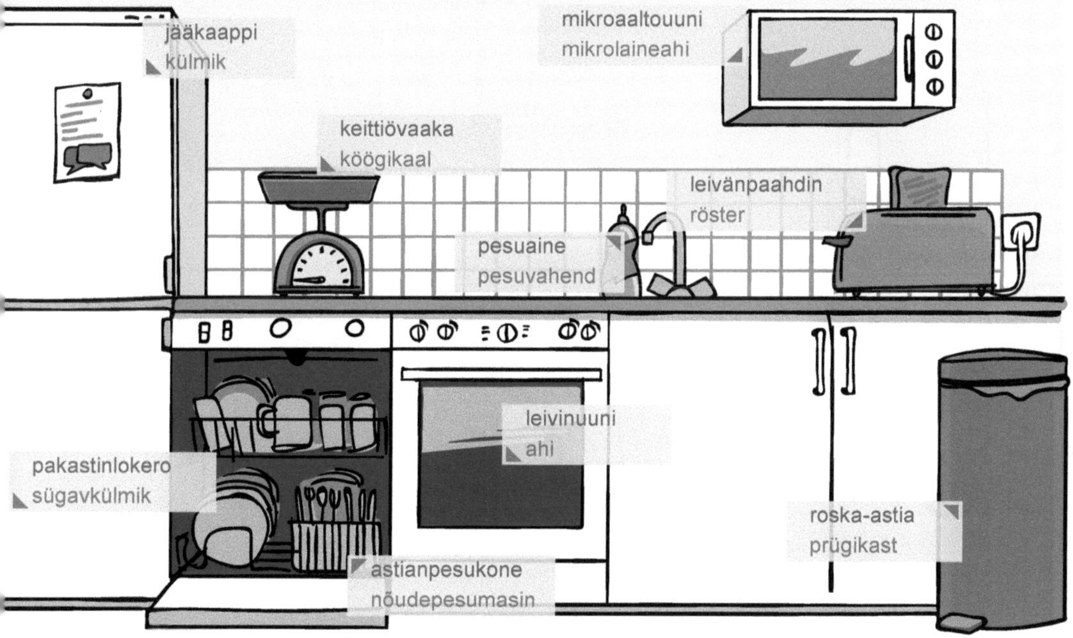

jääkaappi
külmik

mikroaaltouuni
mikrolaineahi

keittiövaaka
köögikaal

leivänpaahdin
röster

pesuaine
pesuvahend

leivinuuni
ahi

pakastinlokero
sügavkülmik

roska-astia
prügikast

astianpesukone
nõudepesumasin

liesi
pliit

kattila
pott

rautapata
malmpott

vokkipannu / kadai-pannu
vokkpann

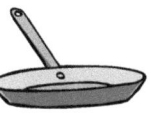

paistinpannu
pann

teepannu
veekeetja

höyrykeitin
aurutaja

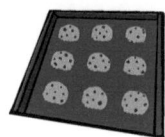

uunipelti
küpsetusplaat

astiat
lauanõud

muki
kruus

kulho
kauss

syömäpuikot
söögipulgad

kauha
kulp

paistinlasta
pannilabidas

vispilä
vispel

siivilä
kurn

siivilä
sõel

raastin
riiv

mortteli
uhmer

grilli
grill

avotuli
lahtine tuli

leikkuulauta

lõikelaud

kaulin

tainarull

korkinavaaja

korgitser

purkki

konservipurk

purkinavaaja

konserviavaja

pannulappu

pajakinnas

lavuaari

kraanikauss

tiskiharja

hari

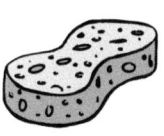

pesusieni

pesukäsn

tehosekoitin

kannmikser

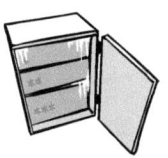

pakastin

sügavkülmuti

tuttipullo

lutipudel

vesihana

segisti

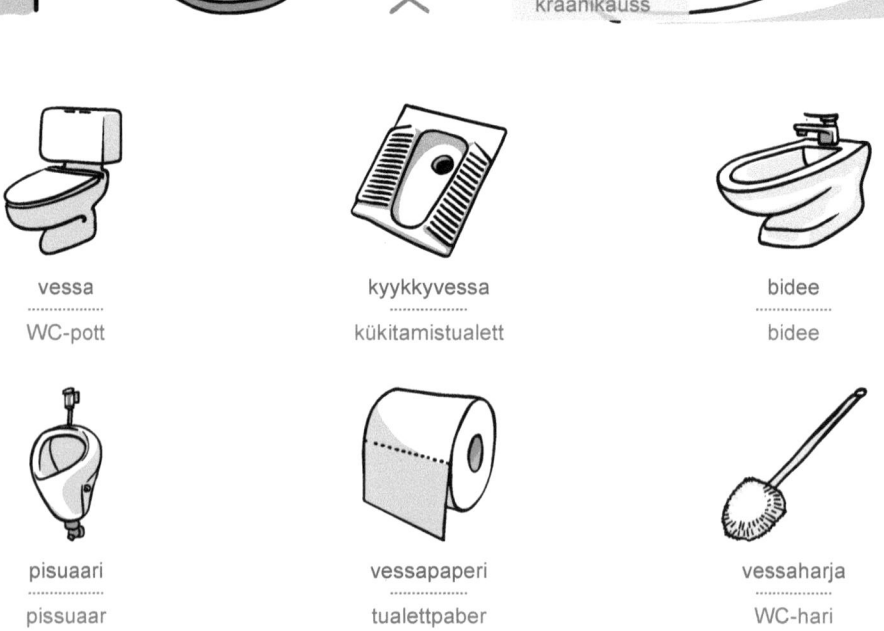

kylpyhuone
vannituba

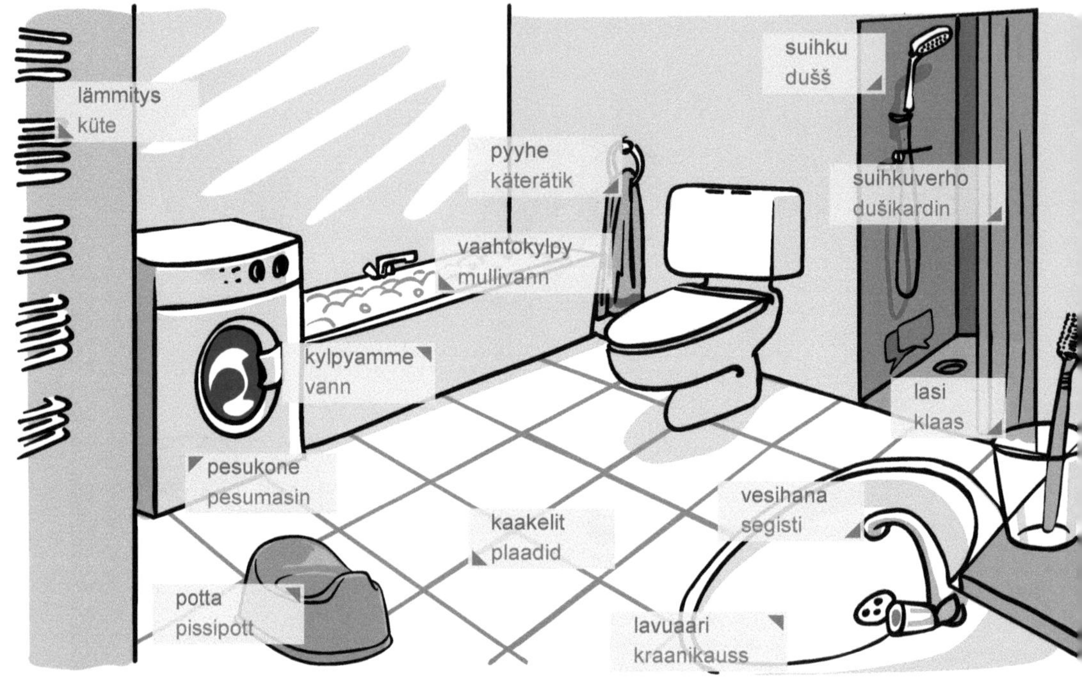

lämmitys
küte
pyyhe
käterätik
suihku
dušš
suihkuverho
dušikardin
vaahtokylpy
mullivann
kylpyamme
vann
pesukone
pesumasin
lasi
klaas
vesihana
segisti
kaakelit
plaadid
potta
pissipott
lavuaari
kraanikauss

vessa

WC-pott

kyykkyvessa

kükitamistualett

bidee

bidee

pisuaari

pissuaar

vessapaperi

tualettpaber

vessaharja

WC-hari

hammasharja

hambahari

hammastahna

hambapasta

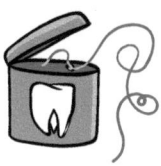

hammaslanka

hambaniit

pestä

pesema

käsisuihku

käsidušš

intiimisuihku

intiimdušš

pesuvati

pesukauss

selkäharja

seljahari

saippua

seep

suihkugeeli

dušigeel

shampoo

šampoon

pesulappu

vamm

viemäri

äravool

voide

kreem

deodorantti

deodorant

peili

peegel

käsipeili

käsipeegel

partaveitsi

habemenuga

partavaahto

raseerimisvaht

partavesi

habemevesi

kampa

kamm

harja

hari

hiustenkuivaaja

föön

hiuslakka

juukselakk

meikki

meigikomplekt

huulipuna

huulepulk

kynsilakka

küünelakk

pumpuli

vatt

kynsisakset

küünekäärid

hajuvesi

parfüüm

kosmetiikkalaukku

tualett-tarvete kott

jakkara

taburet

vaaka

kaal

kylpytakki

hommikumantel

kumihansikkaat

kummikindad

tamponi

tampoon

terveysside

hügieeniside

kemiallinen wc

keemiline tualett

lastenhuone
lastetuba

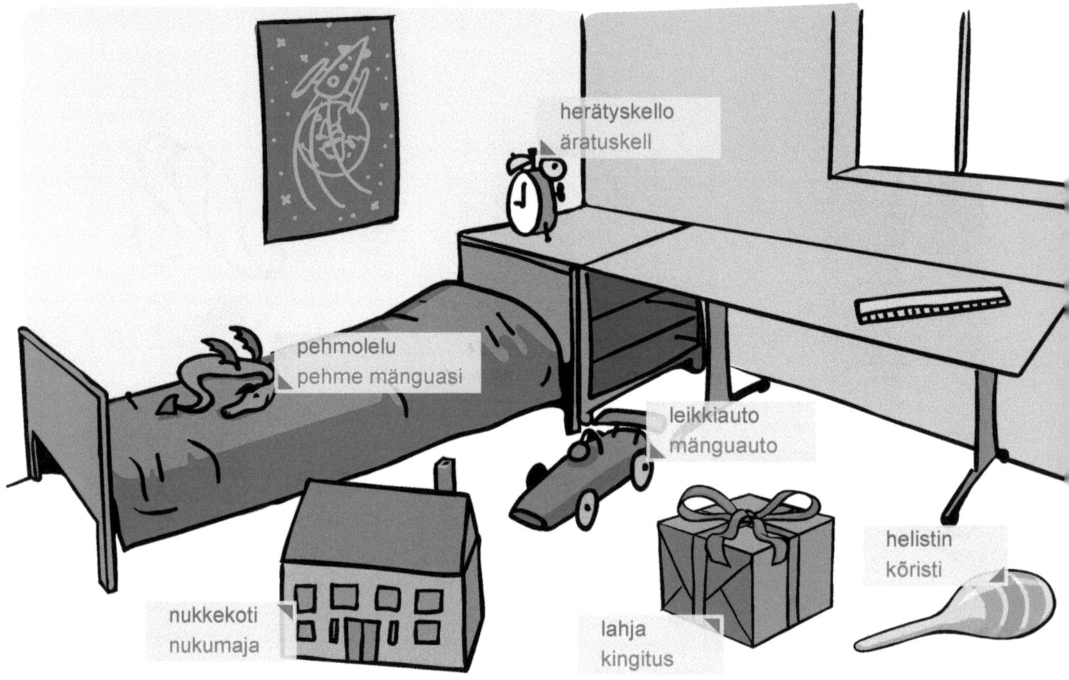
herätyskello
äratuskell
pehmolelu
pehme mänguasi
leikkiauto
mänguauto
helistin
kõristi
nukkekoti
nukumaja
lahja
kingitus

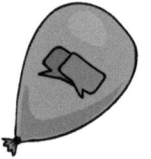

ilmapallo

õhupall

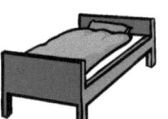

sänky

voodi

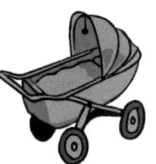

lastenvaunut

lapsevanker

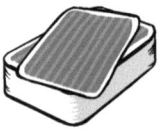

korttipeli

kaardipakk

palapeli

pusle

SUPER MEGA

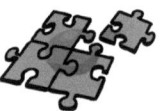

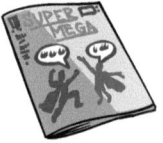

sarjakuva

koomiks

legopalikat

Lego klotsid

rakennuspalikat

klotsid

supersankari

kujuke

potkupuku

siputuspüksid

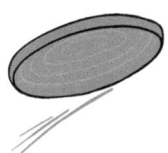

frisbee

lendav taldrik

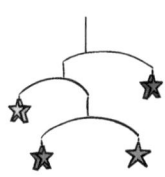

mobile

voodikarussell

lautapeli

lauamäng

noppa

täringud

pienoisjunarata

mudelrong

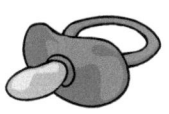

tutti

lutt

juhlat

pidu

kuvakirja

pildiraamat

pallo

pall

nukke

nukk

leikkiä

mängima

hiekkalaatikko
liivakast

keinu
kiik

lelut
mänguasjad

pelikonsoli
mängukonsool

kolmipyörä
kolmerattaline jalgratas

nalle
mängukaru

vaatekaappi
riidekapp

vaatteet

riietus

sukat
sokid

nylonsukat
sukad

sukkahousut
sukkpüksid

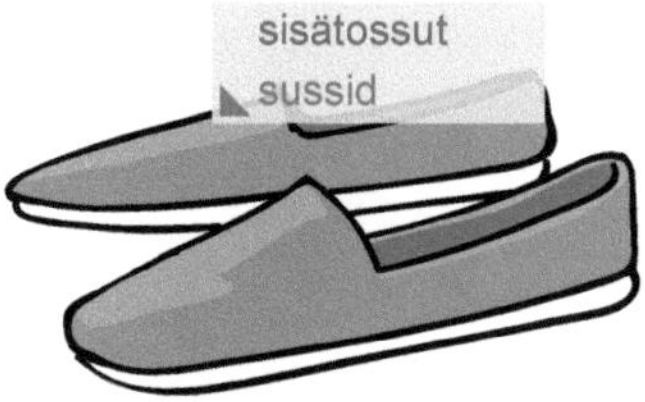

kaulaliina
sall

sateenvarjo
vihmavari

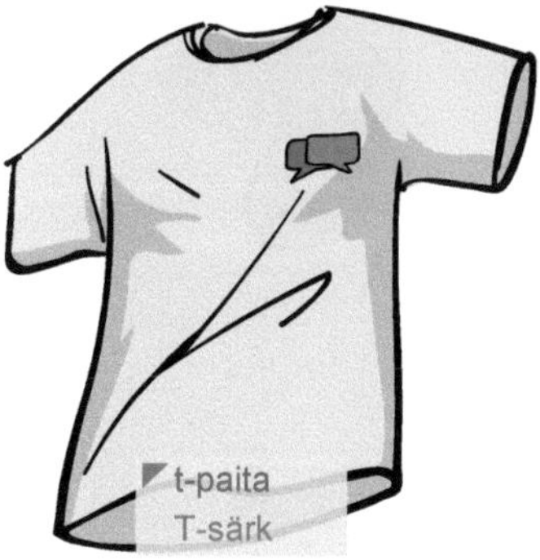

t-paita
T-särk

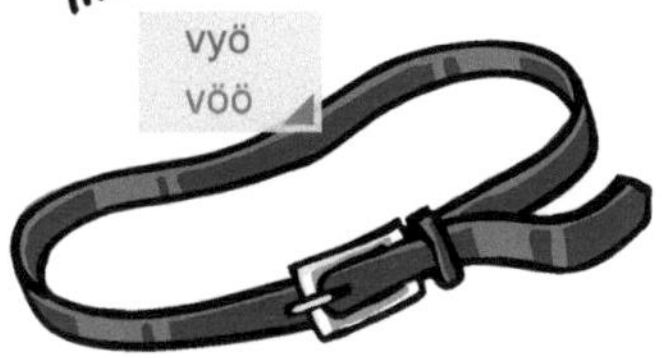

vyö
vöö

saappaat
saapad

sisätossut
sussid

lenkkarit
tossud

sandaalit
sandaalid

kengät
jalatsid

kumisaappaat
kummikud

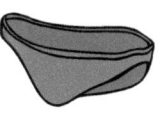
alushousut
aluspüksid

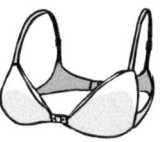
rintaliivit
rinnahoidja

aluspaita
vest

body
bodi

housut
püksid

farkut
teksapüksid

hame
seelik

pusero
pluus

paita
särk

villapaita
sviiter

collegepaita
dressipluus

jakku
bleiser

takki
jakk

takki
mantel

sadetakki
vihmamantel

puku
kostüüm

mekko
kleit

hääpuku
pulmakleit

puku
ülikond

yöpaita
öösärk

pyjama
pidžaama

shari
sari

päähuivi
pearätt

turbaani
turban

burka
burka

kaftaani
kaftan

abaya
abayah

uimapuku
ujumistrikoo

uimahousut
ujumispüksid

shortsit
lühikesed püksid

verkkarit
dressid

esiliina
põll

käsineet
kindad

nappi

nööp

silmälasit

prillid

rannekoru

käevõru

kaulakoru

kaelakee

sormus

sõrmus

korvakoru

kõrvarõngas

lippalakki

nokamüts

ripustin

riidepuu

hattu

kaabu

solmio

lips

vetoketju

tõmblukk

kypärä

kiiver

henkselit

traksid

koulupuku

koolivorm

univormu

vormirõivad

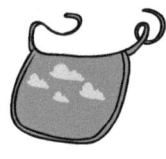

ruokalappu

pudipõll

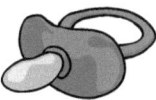

tutti

lutt

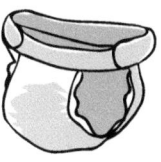

vaippa

mähe

toimisto
kontor

palvelin
server
asiakirjakaappi
arhiivikapp
tulostin
printer
paperi
paber
näyttö
monitor
kirjoituspöytä
kirjutuslaud
hiiri
hiir
kansio
kaust
näppäimistö
klaviatuur
roskakori
paberikorv
tietokone
arvuti
tuoli
tool

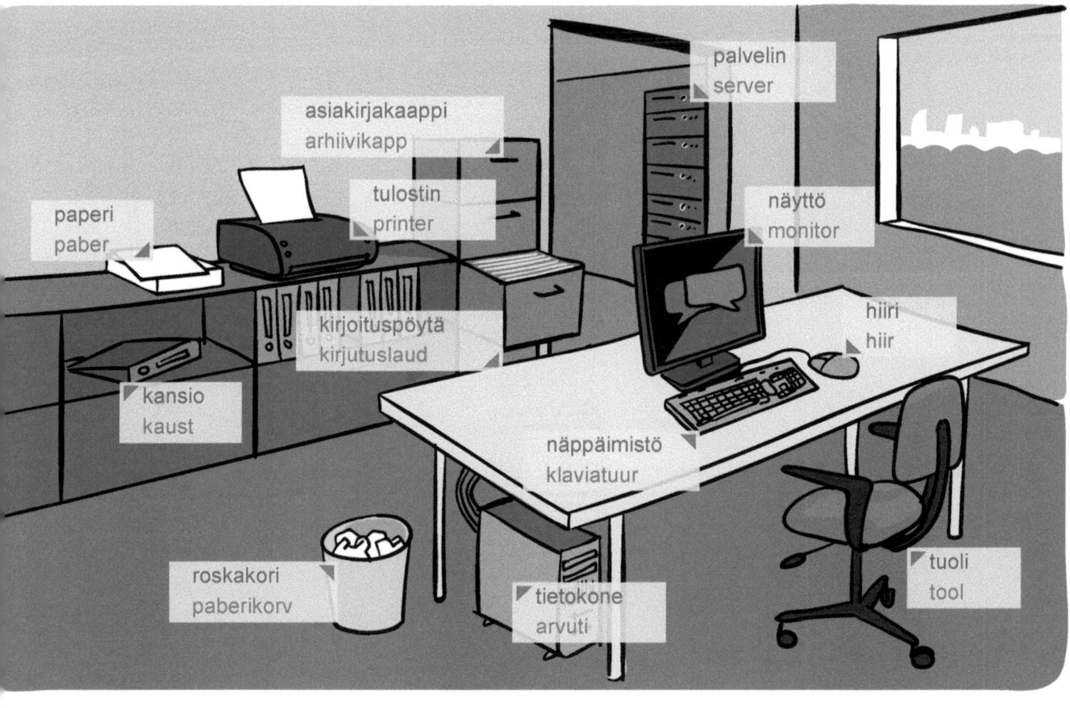

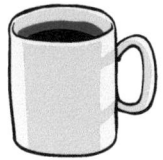

kahvimuki

kohvikruus

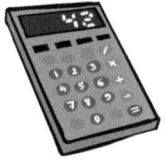

taskulaskin

kalkulaator

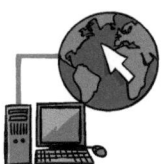

internet

internet

kannettava tietokone

sülearvuti

kirje

kiri

viesti

sõnum

kännykkä

mobiiltelefon

verkko

võrk

kopiokone

koopiamasin

ohjelmisto

tarkvara

puhelin

telefon

pistorasia

pistikupesa

faksi

faksimasin

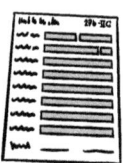

lomake

vorm

asiakirja

dokument

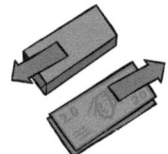

ostaa

ostma

maksaa

maksma

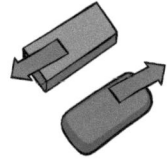

vaihtaa

vahetama

raha

raha

dollari

dollar

euro

euro

jeni

jeen

rupla

rubla

frangi

Šveitsi frank

renminbi juan

renminbi jüaan

rupia

ruupia

pankkiautomaatti

sularahaautomaat

rahanvaihto

valuutavahetuspunkt

kulta

kuld

hopea

hõbe

öljy

nafta

energia

energia

hinta

hind

sopimus

leping

vero

maks

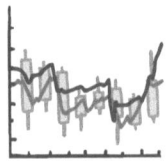

osake

aktsia

työskennellä

töötama

työntekijä

töötaja

työnantaja

tööandja

tehdas

tehas

liike

kauplus

poliisi
politseinik

palomies
tuletõrjuja

kokki
kokk

lääkäri
arst

lentäjä
piloot

puutarhuri
aednik

puuseppä
puusepp

ompelija
õmbleja

tuomari
kohtunik

kemisti
keemik

näyttelijä
näitleja

linja-autonkuljettaja	taksinkuljettaja	kalastaja
bussijuht	taksojuht	kalamees

siivooja	katontekijä	tarjoilija
koristaja	katusepaigaldaja	kelner

metsästäjä	maalari	leipuri
jahimees	maaler	pagar

sähköasentaja	rakentaja	insinööri
elektrik	ehitaja	insener

teurastaja	putkiasentaja	postinjakaja
lihunik	torumees	postiljon

sotilas

sõdur

arkkitehti

arhitekt

kassanhoitaja

kassapidaja

floristi

lillemüüja

kampaaja

juuksur

konduktööri

piletikontrolör

mekaanikko

mehaanik

kapteeni

kapten

hammaslääkäri

hambaarst

tiedemies

teadlane

rabbi

rabi

imaami

imaam

munkki

munk

pappi

preester

työkalut
tööriistad

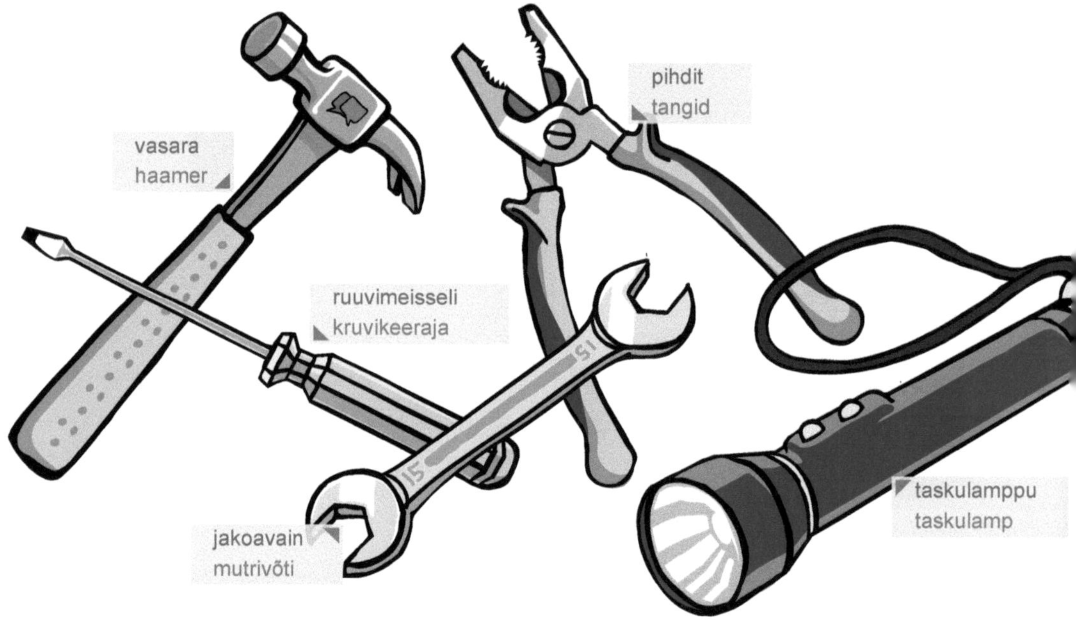

vasara
haamer
pihdit
tangid
ruuvimeisseli
kruvikeeraja
jakoavain
mutrivõti
taskulamppu
taskulamp

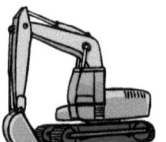

kaivinkone

ekskavaator

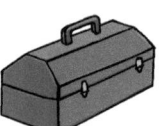

työkalupakki

tööriistakast

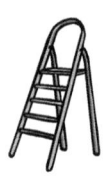

tikkaat

redel

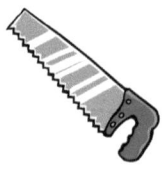

saha

saag

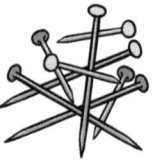

naulat

naelad

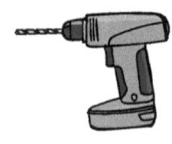

pora

trell

korjata
parandama

lapio
labidas

Hitto!
Põrgusse!

rikkalapio
kühvel

maalipurkki
värvipott

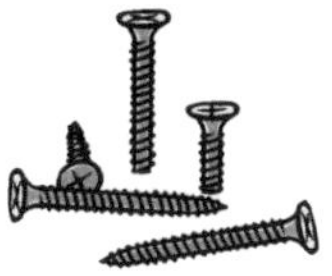

ruuvit
kruvid

soittimet
pillid

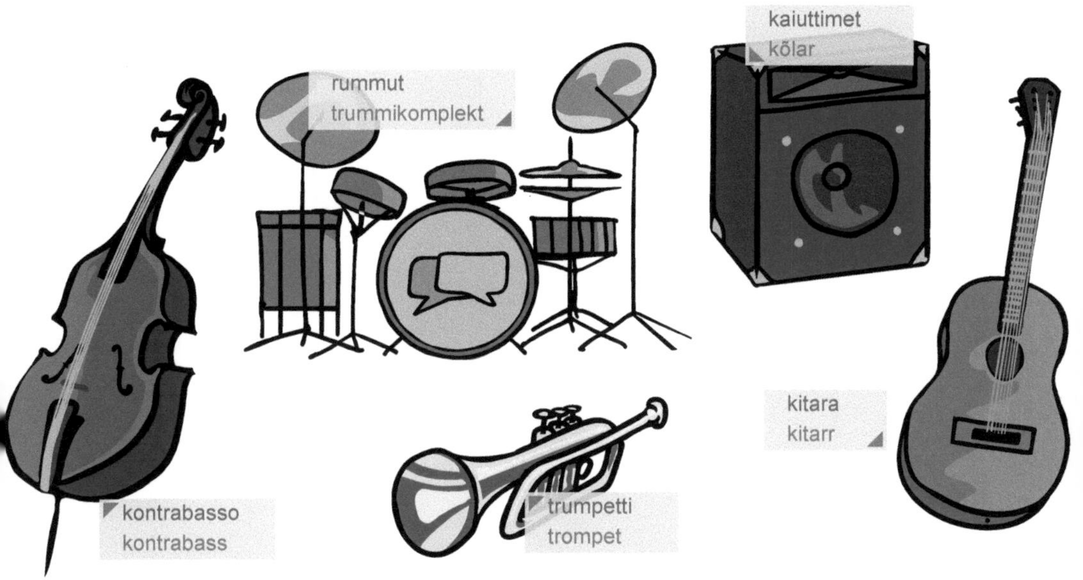

rummut
trummikomplekt

kaiuttimet
kõlar

kontrabasso
kontrabass

trumpetti
trompet

kitara
kitarr

piano

klaver

viulu

viiul

basso

bass

patarummut

timpan

rumpu

trummid

kosketinsoitin

süntesaator

saksofoni

saksofon

huilu

flööt

mikrofoni

mikrofon

soittimet - pillid

sisäänkäynti
sissepääs

tiikeri
tiiger

häkki
puur

seepra
sebra

eläinten ruoka
loomasööt

panda
panda

eläimet

loomad

norsu

elevant

kenguru

känguru

sarvikuono

ninasarvik

gorilla

gorilla

karhu

karu

kameli

kaamel

strutsi

jaanalind

leijona

lõvi

apina

ahv

flamingo

flamingo

papukaija

papagoi

jääkarhu

jääkaru

pingviini

pingviin

hai

hai

riikinkukko

paabulind

käärme

madu

krokotiili

krokodill

eläintarhanhoitaja

loomaaiatalitaja

hylje

hüljes

jaguaari

jaaguar

poni
poni

leopardi
leopard

virtahepo
jõehobu

kirahvi
kaelkirjak

kotka
kotkas

villisika
metssiga

kala
kala

kilpikonna
kilpkonn

mursu
morsk

kettu
rebane

gaselli
gasell

amerikkalainen jalkapallo
Ameerika jalgpall

pyöräily
jalgrattasõit

tennis
tennis

koripallo
korvpall

uinti
ujumine

nyrkkeily
poksimine

jääkiekko
jäähoki

jalkapallo

jalgpall

sulkapallo

sulgpall

yleisurheilu

kergejõustik

käsipallo

käsipall

hiihto

suusatamine

poolo

polo

aktiviteetit
tegevused

nauraa
naerma
hypätä
hüppama
halata
kallistama
kävellä
jalutama
laulaa
laulma
unelmoida
unistama
rukoilla
palvetama
suudella
suudlema

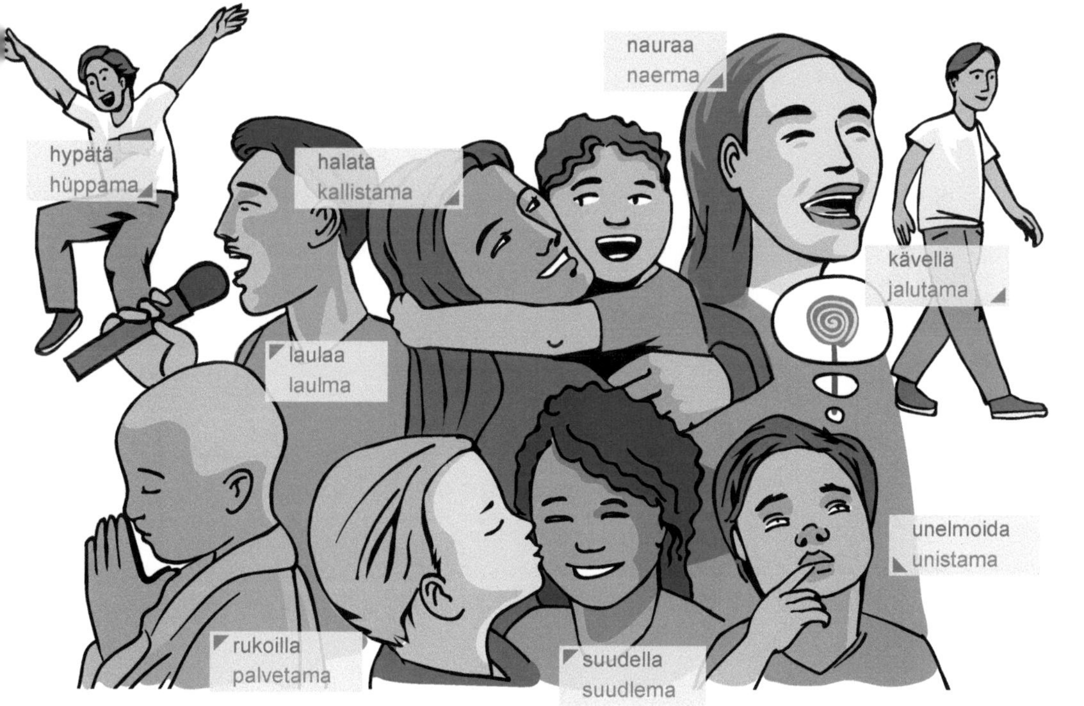

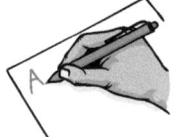

kirjoittaa

kirjutama

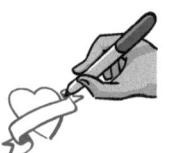

piirtää

joonistama

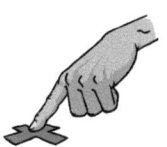

näyttää

näitama

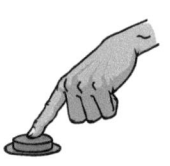

painaa

lükkama

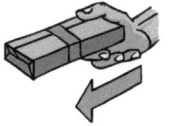

antaa

andma

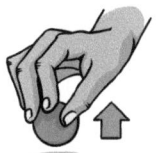

ottaa

võtma

omistaa

omama

tehdä

tegema

olla

olema

seisoa

seisma

juosta

jooksma

vetää

tõmbama

heittää

viskama

kaatua

kukkuma

maata

lamama

odottaa

ootama

kantaa

kandma

istua

istuma

pukeutua

riidesse panema

nukkua

magama

herätä

ärkama

katsoa
vaatama

itkeä
nutma

silittää
paitama

kammata
kammima

puhua
rääkima

ymmärtää
aru saama

kysyä
küsima

kuunnella
kuulama

juoda
jooma

syödä
sööma

siivota
korrastama

rakastaa
armastama

keittää
süüa tegema

ajaa
sõitma

lentää
lendama

purjehtia

purjetama

laskea

arvutama

lukea

lugema

oppia

õppima

työskennellä

töötama

mennä naimisiin

abielluma

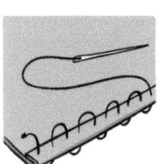

ommella

õmblema

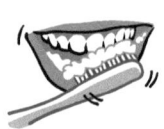

pestä hampaat

hambaid pesema

tappaa

tapma

tupakoida

suitsetama

lähettää

saatma

perhe
perekond

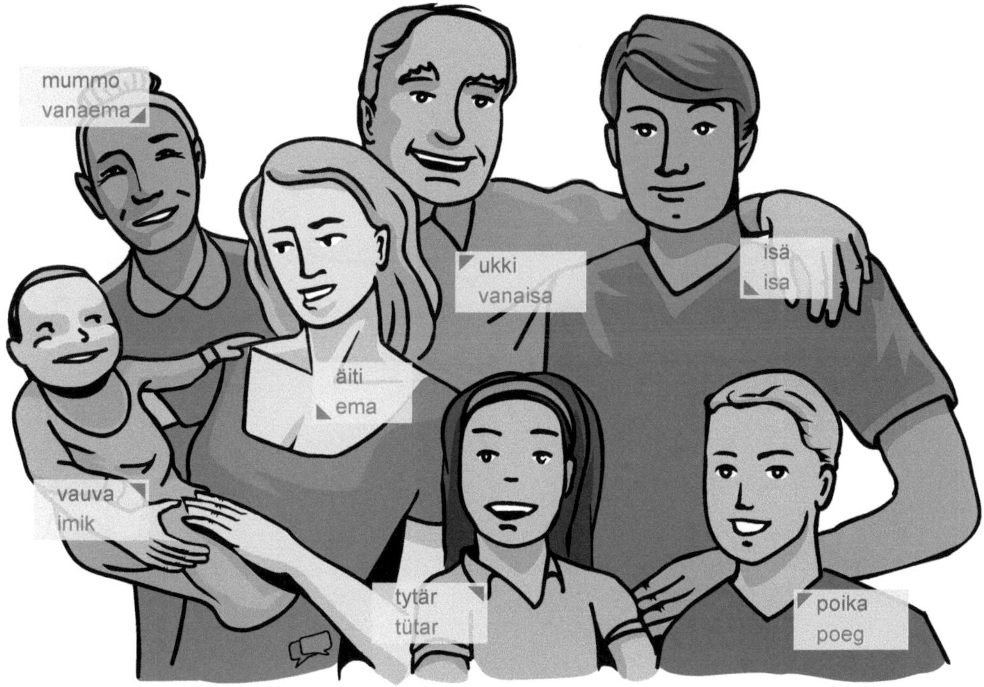
mummo
vanaema
ukki
vanaisa
isä
isa
äiti
ema
vauva
imik
tytär
tütar
poika
poeg

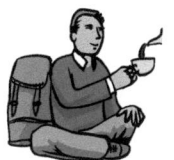

vieras

külaline

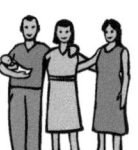

täti

tädi

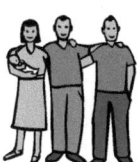

setä

onu

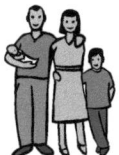

veli

vend

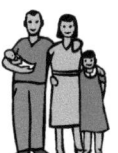

sisko

õde

vartalo

keha

otsa
otsmik
silmä
silm
olkapää
õlg
sormet
sõrm
kasvot
nägu
leuka
lõug
käsi
käsi
jalka
jalg
rinta
rind
käsivarsi
käsivars

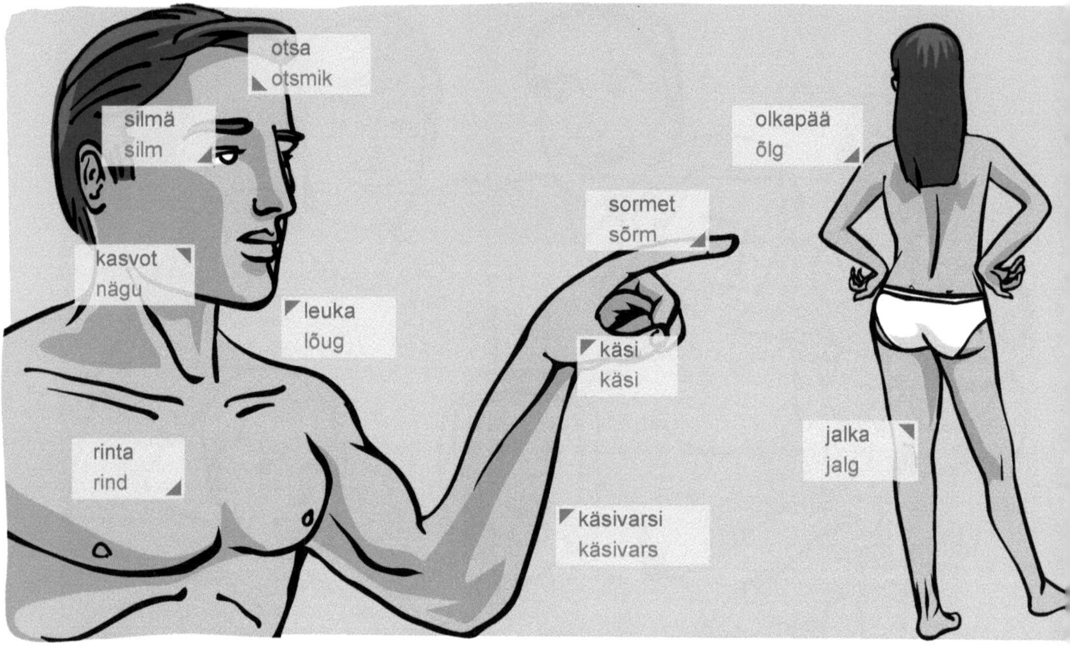

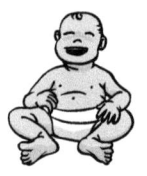

vauva

imik

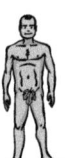

mies

mees

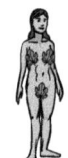

nainen

naine

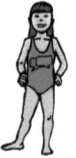

tyttö

tüdruk

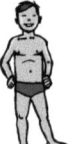

poika

poiss

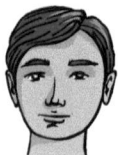

pää

pea

selkä
selg

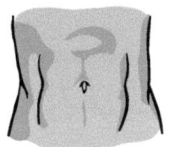

maha
kõht

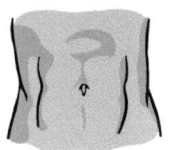

napa
naba

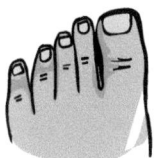

varvas
varvas

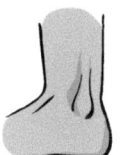

kantapää
kand

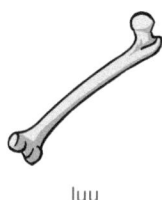

luu
luu

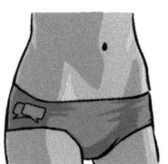

lantio
puus

polvi
põlv

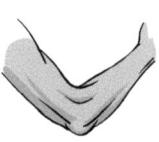

kyynärpää
küünarnukk

nenä
nina

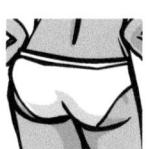

takapuoli
tagumik

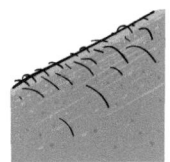

iho
nahk

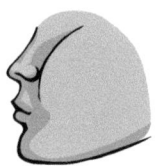

poski
põsk

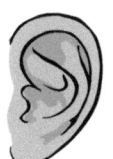

korva
kõrv

huuli
huuled

suu

suu

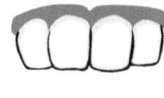

hammas

hammas

kieli

keel

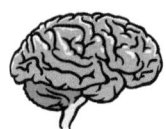

aivot

aju

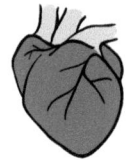

sydän

süda

lihas

lihas

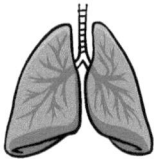

keuhkot

kops

maksa

maks

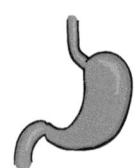

vatsa

magu

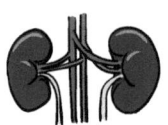

munuaiset

neerud

seksi

seksuaalvahekord

kondomi

kondoom

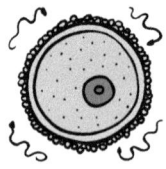

munasolu

munarakk

sperma

sperma

raskaus

rasedus

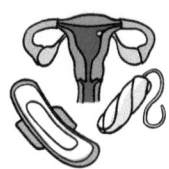

kuukautiset

menstruatsioon

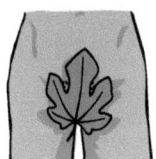

vagina

vagiina

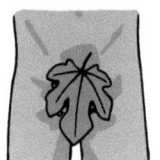

penis

peenis

kulmakarvat

kulm

hiukset

juuksed

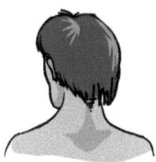

niska

kael

sairaala
haigla

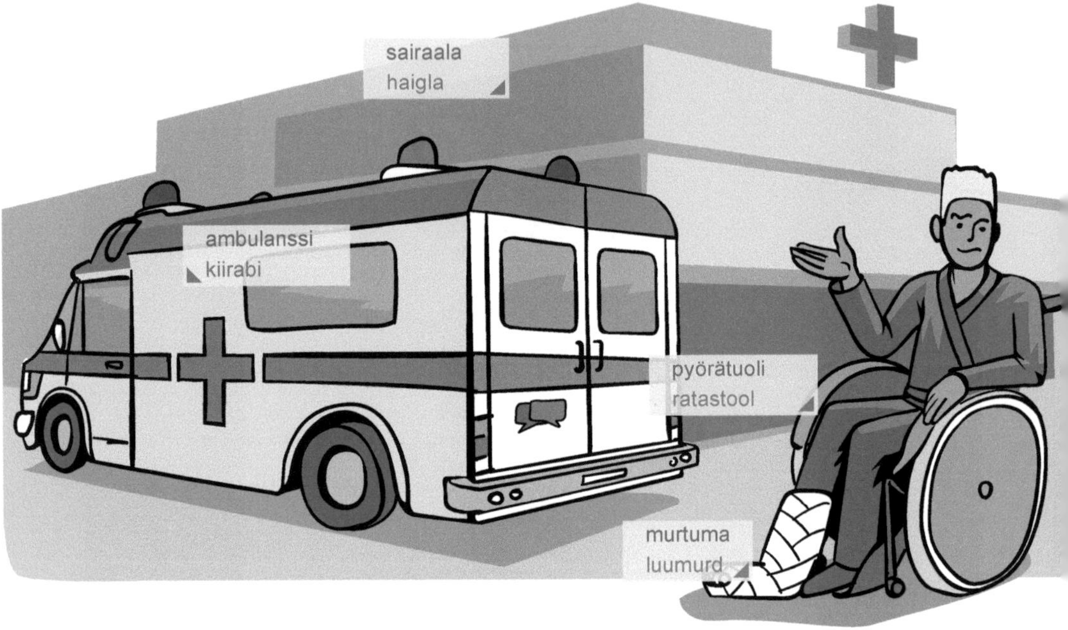

sairaala
haigla
ambulanssi
kiirabi
pyörätuoli
ratastool
murtuma
luumurd

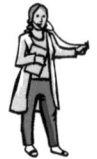

lääkäri

arst

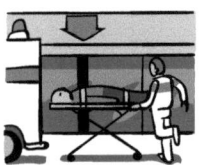

ensiapu

traumapunkt

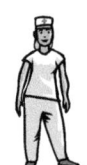

sairaanhoitaja

meditsiiniõde

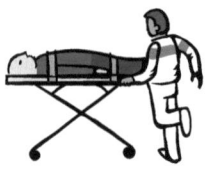

hätätilanne

hädaolukord

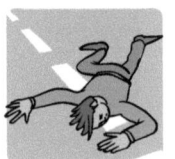

tajuton

teadvuseta

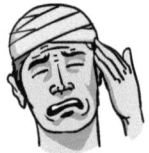

kipu

valu

vamma

vigastus

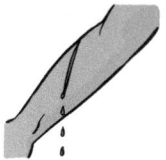

verenvuoto

verejooks

sydänkohtaus

südamerabandus

aivoinfarkti

insult

allergia

allergia

yskä

köha

kuume

palavik

flunssa

gripp

ripuli

kõhulahtisus

päänsärky

peavalu

syöpä

vähk

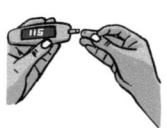

diabetes

diabeet

kirurgi

kirurg

veitsi

skalpell

leikkaus

operatsioon

ct

KT

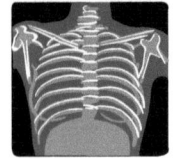

röntgen

röntgen

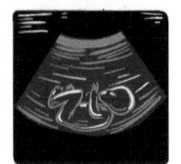

ultraääni

ultraheli

maski

mask

sairaus

haigus

odotushuone

ooteruum

sauva

kark

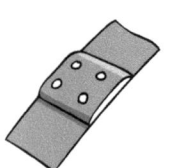

laastari

kips

side

side

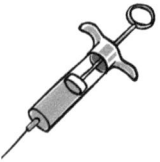

pistos

süst

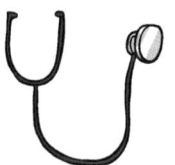

stetoskooppi

stetoskoop

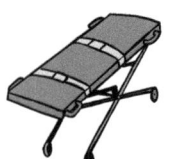

paarit

kanderaam

kuumemittari

kraadiklaas

syntymä

sünd

ylipaino

ülekaaluline

kuulolaite

kuuldeaparaat

desinfiointiaine

desinfektsioonivahend

infektio

põletik

virus

viirus

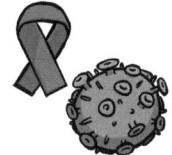

HIV / AIDS

HIV / AIDS

lääke

meditsiin

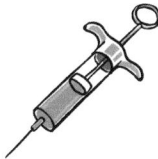

rokotus

vaktsineerimine

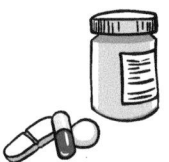

tabletit

tabletid

pilleri

pill

hätäpuhelu

hädaabikõne

verenpainemittari

vererõhuaparaat

sairas / terve

haige / terve

Apua!

Appi!

hälytys

häire

ryöstö

kallaletung

hyökkäys

rünnak

vaara

oht

hätäuloskäynti

avariiväljapääs

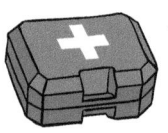

Tulipalo!

Tulekahju!

palosammutin

tulekustuti

onnettomuus

õnnetus

ensiapulaukku

esmaabikomplekt

SOS

SOS

poliisilaitos

politsei

Eurooppa

Euroopa

Pohjois-Amerikka

Põhja-Ameerika

Etelä-Amerikka

Lõuna-Ameerika

Afrikka

Aafrika

Aasia

Aasia

Australia

Austraalia

Atlantin valtameri

Atlandi ookean

Tyynimeri

Vaikne ookean

Intian valtameri

India ookean

Eteläinen jäämeri

Lõuna-Jäämeri

Pohjoinen jäämeri

Põhja-Jäämeri

pohjoisnapa

põhjapoolus

etelänapa

lõunapoolus

Antarktis

Antarktika

maa

Maa

maa

maismaa

meri

meri

saari

saar

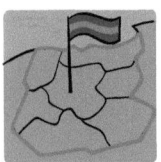

kansa

rahvus

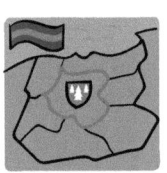

osavaltio

riik

kellotaulu

sihverplaat

tuntiviisari

tunniosuti

minuuttiviisari

minutiosuti

sekuntiviisari

sekundiosuti

Paljonko kello on?

Mis kell on?

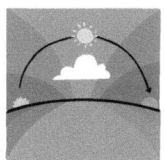

päivä

päev

aika

aeg

nyt

praegu

digitaalikello

digitaalne kell

minuutti

minut

tunti

tund

viikko
nädal

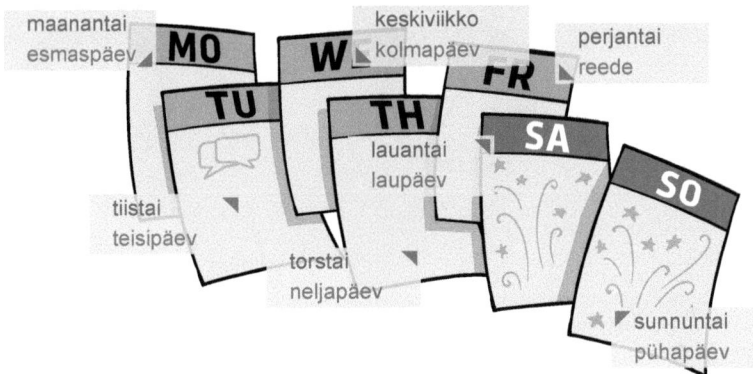

maanantai
esmaspäev

keskiviikko
kolmapäev

perjantai
reede

tiistai
teisipäev

lauantai
laupäev

torstai
neljapäev

sunnuntai
pühapäev

eilen

eile

tänään

täna

huomenna

homme

aamu

hommik

keskipäivä

lõuna

ilta

õhtu

MO	TU	WE	TH	FR	SA	SU
1	2	3	4	5	6	7
8	9	10	11	12	13	14
15	16	17	18	19	20	21
22	23	24	25	26	27	28
29	30	31	1	2	3	4

työpäivät

tööpäevad

MO	TU	WE	TH	FR	SA	SU
1	2	3	4	5	6	7
8	9	10	11	12	13	14
15	16	17	18	19	20	21
22	23	24	25	26	27	28
29	30	31	1	2	3	4

viikonloppu

nädalavahetus

vuosi
aasta

sade
vihm
sateenkaari
vikerkaar
tuuli
tuul
lumi
lumi
kevät
kevad
kesä
suvi
syksy
sügis
talvi
talv

4.APRIL 11°
5.APRIL 4°
6.APRIL 13°
7.APRIL 8°
8.APRIL 10°

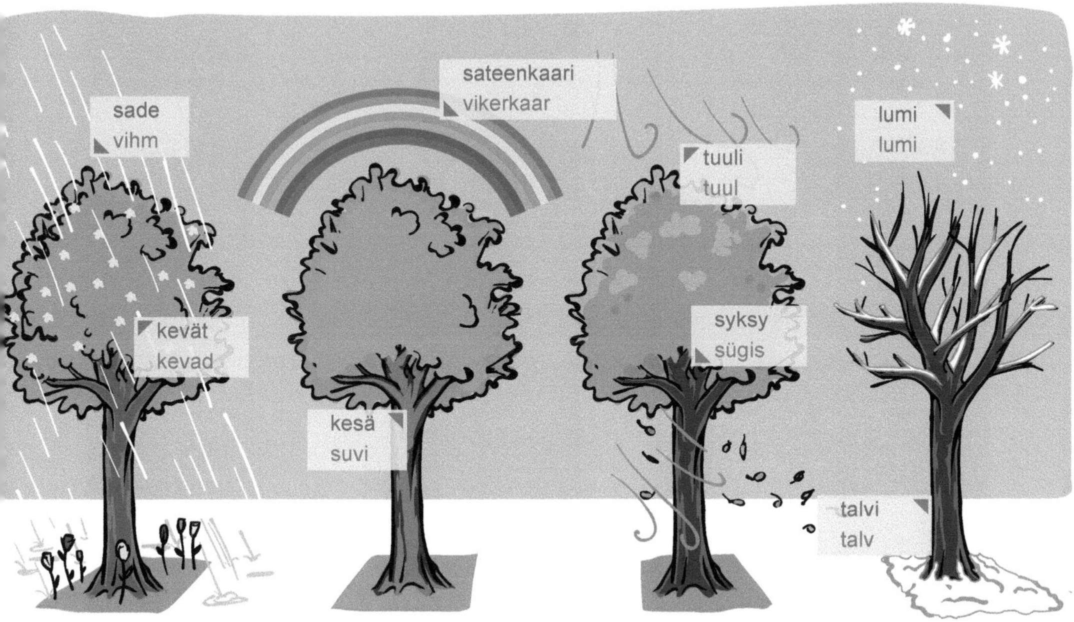

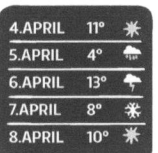

sääennuste

ilmaennustus

F C
120 90 60 30 0 -30
40 30 20 10 0 -10 -20

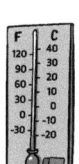

lämpömittari

termomeeter

auringonpaiste

päikesepaiste

pilvi

pilv

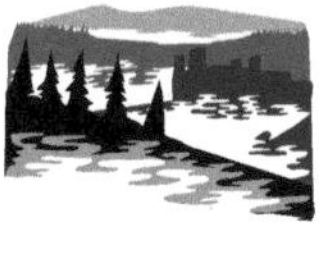

sumu

udu

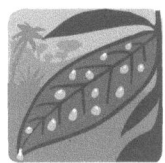

ilmankosteus

niiskus

salama

pikne

ukkonen

kõu

myrsky

torm

rae

rahe

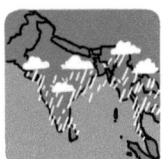

monsuuni

mussoon

tulva

üleujutus

jää

jää

tammikuu

jaanuar

helmikuu

veebruar

maaliskuu

märts

huhtikuu

aprill

toukokuu

mai

kesäkuu

juuni

heinäkuu

juuli

elokuu

august

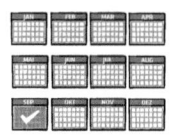

syyskuu
....
september

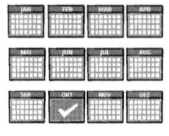

lokakuu
....
oktoober

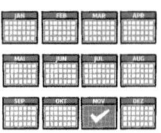

marraskuu
....
november

joulukuu
....
detsember

muodot

kujundid

ympyrä
....
ring

neliö
....
ruut

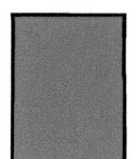

suorakulmio
....
nelinurk

kolmio
....
kolmnurk

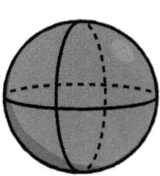

pallo
....
kera

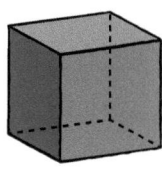

kuutio
....
kuup

valkoinen

valge

keltainen

kollane

oranssi

oranž

vaaleanpunainen

roosa

punainen

punane

violetti

lilla

sininen

sinine

vihreä

roheline

ruskea

pruun

harmaa

hall

musta

must

paljon / vähän

vihainen / ystävällinen

kaunis / ruma

palju / vähe

vihane / rahulik

ilus / inetu

alku / loppu

suuri / pieni

vaalea / tumma

algus / lõpp

suur / väike

hele / tume

veli / sisko

puhdas / likainen

täydellinen / epätäydellinen

vend / õde

puhas / must

täielik / puudulik

päivä / yö

kuollut / elävä

leveä / kapea

päev / öö

surnud / elus

lai / kitsas

syötävä / syömäkelvoton

söödav / mittesöödav

paha / kiltti

kuri / sõbralik

innostunut / tylsistynyt

põnevil / tüdinud

lihava / laiha

paks / peenike

ensimmäinen / viimeinen

esimene / viimane

ystävä / vihollinen

sõber / vaenlane

täysi / tyhjä

täis / tühi

kova / pehmeä

kõva / pehme

painava / kevyt

raske / kerge

nälkä / jano

nälg / janu

sairas / terve

haige / terve

laiton / laillinen

ebaseaduslik / seaduslik

älykäs / tyhmä

tark / rumal

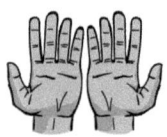

vasen / oikea

vasak / parem

lähellä / kaukana

lähedal / kaugel

uusi / käytetty

uus / kasutatud

ei mitään / jotain

mitte midagi / midagi

vanha / nuori

vana / noor

päällä / pois päältä

sees / väljas

auki / kiinni

lahti / kinni

hiljainen / äänekäs

vaikne / vali

rikas / köyhä

rikas / vaene

oikein / väärin

õige / vale

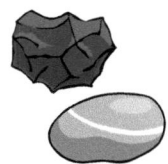

karhea / sileä

kare / sile

surullinen / iloinen

kurb / rõõmus

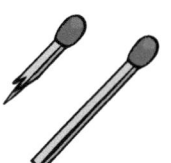

lyhyt / pitkä

lühike / pikk

hidas / nopea

aeglane / kiire

märkä / kuiva

märg / kuiv

lämmin / viileä

soe / jahe

sota / rauha

sõda / rahu

0	**1**	**2**
nolla	yksi	kaksi
null	üks	kaks

3	**4**	**5**
kolme	neljä	viisi
kolm	neli	viis

6	**7**	**8**
kuusi	seitsemän	kahdeksan
kuus	seitse	kaheksa

9	**10**	**11**
yhdeksän	kymmenen	yksitoista
üheksa	kümme	üksteist

12
kaksitoista
kaksteist

13
kolmetoista
kolmteist

14
neljätoista
neliteist

15
viisitoista
viisteist

16
kuusitoista
kuusteist

17
seitsemäntoista
seitseteist

18
kahdeksantoista
kaheksateist

19
yhdeksäntoista
üheksateist

20
kaksikymmentä
kakskümmend

100
sata
sada

1.000
tuhat
tuhat

1.000.000
miljoona
miljon

englanti

inglise

amerikanenglanti

Ameerika inglise

mandariinikiina

mandariini

hindi

hindi

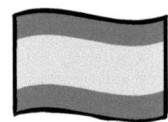

espanja

hispaania

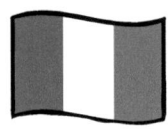

ranska

prantsuse

arabia

araabia

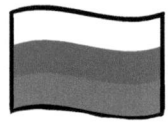

venäjä

vene

portugali

portugali

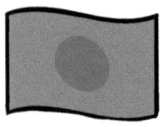

bengali

bengali

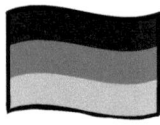

saksa

saksa

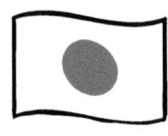

japani

jaapani

minä

mina

sinä

sina

hän

tema

me

meie

te

teie

he

nemad

kuka?

kes?

mitä / mikä?

mis?

miten?

kuidas?

missä?

kus?

milloin?

millal?

nimi

nimi

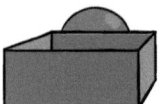

takana

taga

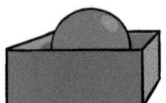

sisällä

sees

edessä

ees

yläpuolella

kohal

päällä

peal

alapuolella

all

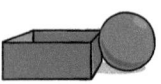

vieressä

kõrval

välissä

vahel

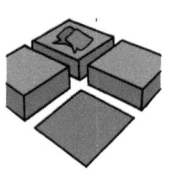

paikka

koht